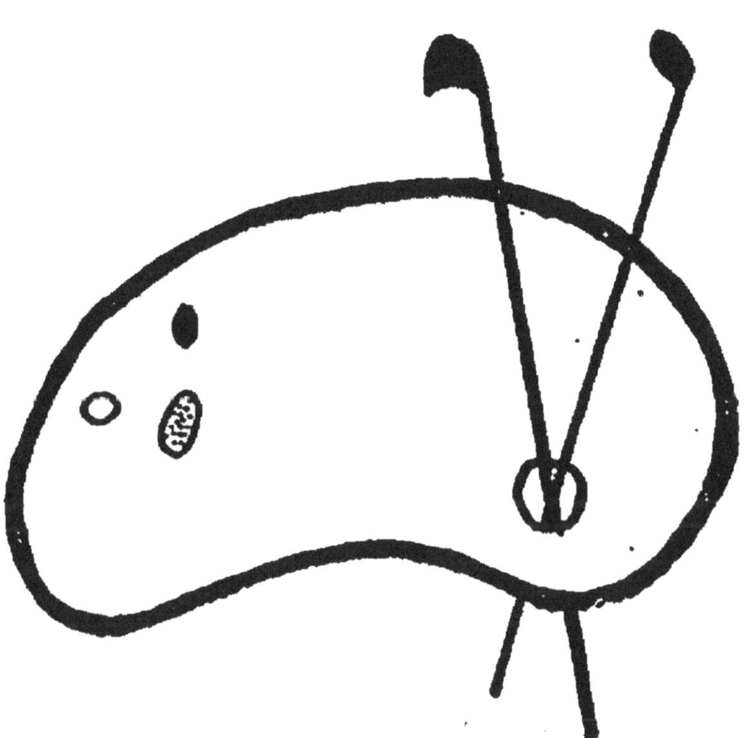

DEBUT D'UNE SERIE DE DOCUMENTS
EN COULEUR

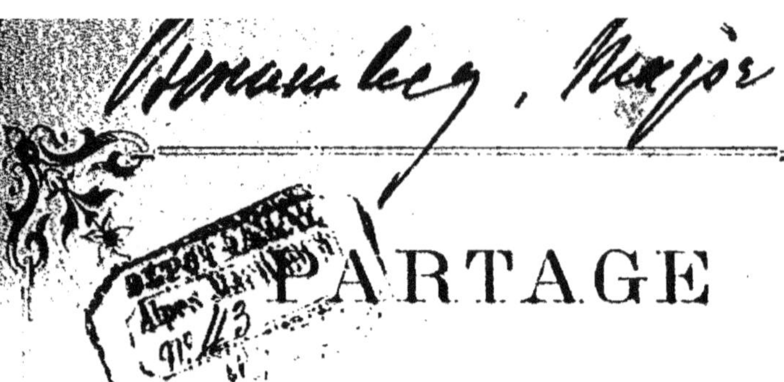

PARTAGE

DE

L'AFRIQUE

SELON LA FABLE D'ESOPE

PAR

LE MAJOR OSMAN-BEY

KIBRIZLI-ZADÉ

PRIX : 1 FRANC

NICE

IMPRIMERIE-STÉRÉOTYPIE NIÇOISE, 3, DESCENTE CROTTI

1894

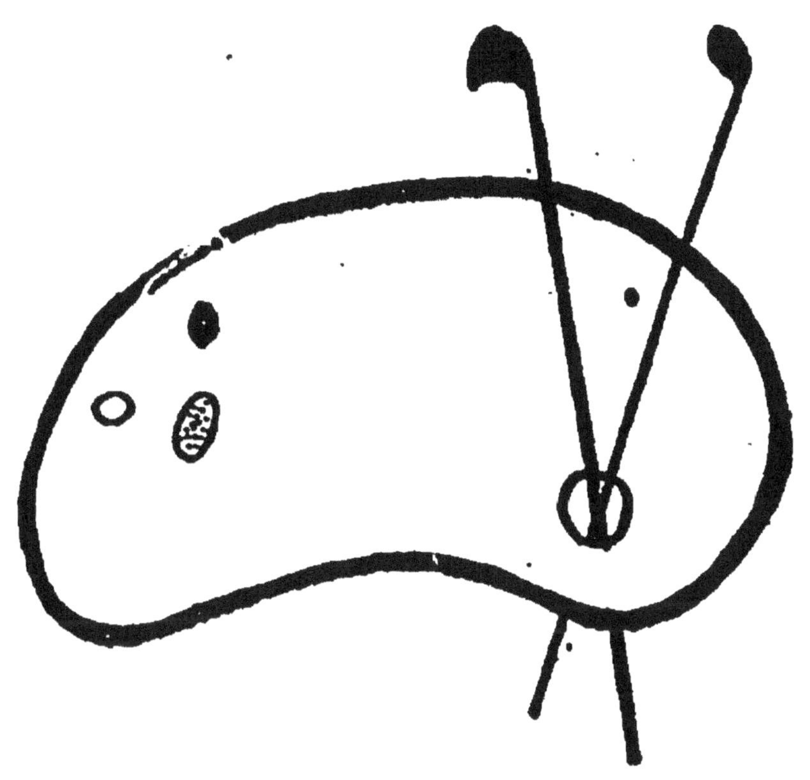

FIN D'UNE SERIE DE DOCUMENTS
EN COULEUR

PARTAGE

DE

L'AFRIQUE

SELON LA FABLE D'ESOPE

PAR

LE MAJOR OSMAN-BEY

KIBRIZLI-ZADÉ

NICE

IMPRIMERIE-STÉRÉOTYPIE NIÇOISE, 8, DESCENTE CROTTI

—

1894

PARTAGE DE L'AFRIQUE

SELON LA FABLE D'ESOPE

CONSIDÉRATIONS GÉNÉRALES

BLOCUS

ATTAQUE

A QUI LA CHAIR, A QUI LES OS

RIVALITÉ ENTRE FRANÇAIS ET ANGLAIS

RIVALITÉ ENTRE ITALIENS ET FRANÇAIS

LES ITALIENS EN ABYSSINIE

OBOCK

ÉTAT-LIBRE DU CONGO

PARTAGE

DE L'AFRIQUE

CONSIDÉRATIONS GÉNÉRALES

Esope prêchait aux hommes par la bouche des animaux. Qu'il aie réussi, ou non, à nous corriger, il n'en est moins vrai que le philosophe grec est resté immortel : et cela, parce que, mieux que tout autre, il a su lire dans le livre de la nature, qui est elle-même immortelle.

Parmi les fables d'Esope, celle qui nous montre le partage de la proie par les fauves, est à coup sûr la plus amusante, si non la plus instructive.

En effet, soit à travers les événements historiques, soit au milieu des incidents journaliers de la vie, que de fois ne se heurte-t-on pas à des exemples qui nous rappellent la fable du partage !

Jamais pourtant on n'a vu ce spectacle se reproduire dans des proportions aussi gigantesques, aussi saisissantes comme de nos jours. On se partage un continent tout entier, comme si cela n'était qu'une galette, une brioche. Une superficie de cent millions d'hectares carrés ; plus, deux cents millions d'êtres humains, sont en train de subir l'opération du partage selon les procédés les plus perfectionnés, les plus nouveaux !

Quelques remarques sur les traits caractéristiques que présente le continent africain sont indispensables ; autrement le lecteur aurait de la peine à nous suivre dans notre exposé.

Faisons observer tout d'abord que l'Afrique est mitoyenne entre l'Asie et l'Europe : d'où il en résulte qu'elle sert de pont aux envahisseurs qui se dirigent vers l'un ou l'autre de ces continents. C'est ainsi que l'Afrique joue un rôle important dans les fastes de l'humanité.

Il est à remarquer ensuite, que les deux faces de ce continent qui se rapprochent de l'Asie et de l'Europe, sont plus civilisées. Cela provient du contact avec ces continents. Le côté occidental, par contre, est resté barbare. Séparée du reste du monde par l'Atlantique et les déserts, l'Afrique occidentale s'est dérobée aux regards et à l'action de l'étranger. La propagande musulmane a, seule, pu y pénétrer avec difficulté.

Le centre de ce continent, c'est la région des mythes, habitée par des nains, des anthropophages, etc. Pourtant ces vastes étendues ont été sillonnées par les pèlerins et les esclaves, dont les caravanes possédaient le secret de voyager sans se faire dévorer.

Stanley donc n'a d'autre mérite que celui d'être le premier Blanc qui a voyagé par là, sans se faire manger.

Une autre observation qui nous reste à faire, c'est que l'Afrique a la forme d'une poire *duchesse*. Il n'y a qu'à mettre le sud en haut et le nord en bas, pour que la ressemblance à la poire soit exacte.

Cela dit, jetons nos regards sur les mangeurs de continents et voyons de quelle façon ils s'y prennent pour se partager la belle et succulente poire.

Le convives appartiennent exclusivement aux deux races qui se sont déjà emparé du reste du globe : Amérique, Australie, etc : la race hindou-germanique et la latine. En effet, à l'heure qu'il est, Anglais, Allemands, Français, Italiens, etc., se trouvent tous accoudés autour de la grosse poire africaine. fourchettes et couteaux en main.

Bon appétit, Messieurs !

L'affolement de tous ces gourmets, a, comme de raison, chatouillé l'appétit de la grande race slave. qui s'est vue excluse du partage, on ne sait pas trop pourquoi. A Sagallo, un malentendu a été cause qu'on lui fisse retirer sa patte.

Les associés au partage nous les connaissons ; passons maintenant à l'opération elle-même ; telle qu'elle eut lieu, d'abord sur papier à Berlin et à Bruxelles ; et puis sur le terrain. Compter, une à une. toutes les tranches coupées, cela serait trop long et même fastidieux : nous ne traiterons donc que du plan de partage dans ses grandes lignes.

BLOCUS

MM. les diplomates ont décrété, tout d'abord, le blocus du continent noir, dont le périmètre est de 25.000 kilomètres. Ainsi, grâce à la vapeur, aux télégraphes. etc., le troupeau noir se trouve cerné par une meute de chiens, qui font le carrousel tout autour. La vitesse de la course sur la circonférence dépassant de beaucoup celle le long du diamètre, les pauvres brebis ne peuvent plus bouger.

Le blocus a été établi, dit-on, pour empêcher trois choses : l'importation des armes ; l'importation des spiritueux et l'exportation de la chair humaine, autrement dite, la traite. Examinons ces différents points et l'on verra ce qu'ils veulent dire en réalité.

La défense de vendre des armes de précision aux Noirs s'explique assez : car, ceux qui se sont attribué la mission d'attraper ces mêmes Noirs, ne tiennent pas à ce que ceux-ci les reçoivent à coups de fusil Mannlicher.

Il se pourrait bien, aussi, que chacune des parties contractantes se soit réservée, *in petto*, la faculté de favoriser l'industrie nationale.

Le blocus engendre la contrebande : les prix montent alors d'eux-mêmes !

La défense par rapport aux spiritueux nous fait rire. Pourquoi tant de sollicitude pour le bien-être moral et matériel des Noirs, lorsque les sociétés de Tempérance se déclarent impuissantes auprès de leurs frères Blancs ?

Evidemment, c'est encore de boutique qu'il s'agit : Vive la contrebande !

Venons à la traite : ici le comique va de pair avec le tragique.

Les philanthropes en tricorne, tous debout et en chœur, ont anathémisé la vente des esclaves, une honte pour l'humanité.

Loin de nous l'idée de vouloir mettre en doute la sincérité de ces messieurs. Seulement nous ferons observer, que dans la pratique, empêcher la traite, veut dire, arrêter l'émigration des Noirs. En effet, les esclaves ne sont après tout que des bras sans travail, dont le maître tient à se défaire, les échangeant contre des articles de première nécessité.

L'on voit d'ici ce qui arrive, une fois la traite arrêtée.

Les chefs des tribus se trouvent avoir sur les bras un tas de bouches inutiles ; tandis que la famine augmente autour d'eux, en raison même du blocus. Rejetées les unes sur les autres, les masses noires suffoquent. Nécessairement les luttes intestines et les *razzia* interviennent pour mettre le comble à cette congestion interne, à cette décomposition.

Pour se faire une idée juste de ce que c'est que l'état actuel de l'Afrique, il n'y a qu'à intervertir les rôles et se figurer ce que nous deviendrions, si un beau matin l'Europe se réveillait bloquée par des cuirassés noirs et se voyait attaquée par des essaims de soldats, de diplomates et de policiers à la peau noire.

Le courant impétueux de l'émigration européenne se voyant arrêté court, les masses des Blancs se rejetteraient les unes sur les autres : elles gronderaient, elles se débattraient, provoquant des émeutes, des massacres ; les morts de faim on les compterait par milliers. Le phénomène est identique au milieu des Noirs.

ATTAQUE

Les parties contractantes s'étant donné réciproquement carte blanche, une attaque combinée s'en est suivi. Du côté nord et à l'ouest du continent, les Français avancent vers l'intérieur, renversant des tribus puissantes et des sultanats, comme s'ils n'étaient que des châteaux de cartes. Partout les peuplades noires plient la tête sous le joug.

Les Belges exécutent, eux aussi, la part qui leur échoit dans la grande entreprise. Si l'on doit ajouter foi aux récits qui nous arrivent, les agents de l'État-Libre ont les poignes très libres et très lourdes. Les horreurs de la chasse aux esclaves restent en deçà des horreurs de la chasse aux Noirs par les Blancs.

Dans l'Afrique orientale les effets du blocus et de l'attaque sont encore plus meurtriers. Les Anglais bloquent le Soudan par l'occupation de Suakin, Tukar et Wadi-Alfa. Refoulée vers l'intérieur, la population de cette région se trouve prise entre deux feux : entre les Blancs qui l'ont chassée de ses foyers, et les masses du centre qui la repoussent à leur tour. La famine s'étant mise de la partie, les Noirs tombent comme des mouches sur les glacis des places fortes.

Le reporter d'un journal anglais, attendri par ce spectacle, essaya d'ouvrir une souscription en faveur des victimes du blocus. Son appel est resté sans effet : car, les bons bourgeois de la Cité furent d'avis que l'heure de la clémence n'était pas encore venue pour les africains.

Les Italiens donnent la main aux Anglais plus loin : ainsi, strict blocus tout le long du littoral : à moins que le Roi des rois ne se reconnaisse le vassal à Umberto ; et que les derviches restent tranquilles.

Ici se répètent les mêmes scènes que devant Suakin. Massaoua est séparée de la terre ferme par une longue digue ; un vrai pont des soupirs. De l'autre côté de la digue on mange des excréments pour échapper à la mort : de ce côté on mange des macaroni au parmesan ! Et que dire de ces fusillades à sang froid, organisées par les Cagnassi et les Livraghi.

C'est vrai, qu'à la suite, le gouvernement a sévi : mais cela n'a nullement dédommagé les peaux déjà trouées et enterrées.

A QUI LA CHAIR, A QUI LES OS

Jusqu'ici il n'a été question que de la conquête de l'Afrique. Voyons à présent comment l'on se partage la proie. Ici le spectacle est édifiant : les convives enfourchent chacun leur morceau : tout en se regardant dans le blanc de l'œil et en se montrant les dents.

Dans le banquet décrit par Ésope, la place d'honneur revenait au lion, reconnu le roi des fauves. S. M. touchée de tant de déférence, remercia ses fidèles sujets, les laissant tous avec des os entre les pattes. Même scène dans le banquet africain, le lion britannique y occupe le trône. Ça va sans dire, que sous la présidence d'un pareil Sire, le partage n'est qu'une formalité.

Attirant à soi la poire africaine, le lion en saisit, tout d'abord, la tige ; ce qui est représenté par ses possessions du Cap, de Natal, etc. Quelques coups de dent, bien appliqués, lui ont permis à la suite d'introduire sa langue jusqu'à la région des lacs, la clef du système hydraulique du continent.

Ces quelques lambeaux sont si friands, que le chacal allemand se hasarda à y allonger la patte, lui aussi. Malheur lui en prit : car, le lion l'engueula aussitôt : — « Tu crois « être un lion ; toi !... Ailleurs tu peux être tout ce que tu « veux : mais, ici tu n'es inscrit que comme *chacal....* Lâche, je te dis : et vas-t'en ! »

Le pauvre chacal ne se l'est pas fait répéter deux fois. Les lacs et le bassin du Nil sont restés possessions anglaises.

L'on serait tenté de croire que toutes ces aubaines devaient contenter sire le lion. Pas le moins du monde.

Profitant d'une émeute, venue on ne sait pas trop d'où

ni comment, ce vorace animal s'est élancé d'un bond sur la terre des Pharaons. Cette nouvelle acquisition lui permet à présent de réaliser un de ses rêves chéris ; un empire africain, qui fera pendant à son empire indien.

Ainsi l'Afrique orientale sera bientôt anglaise. C'est dans ce but justement qu'on vient de créer une East-African Company, chargée de répéter en Afrique le truc si bien joué par la fameuse East-India-Company. Comme on sait, celle-ci fut chargée d'accaparer l'Inde, pour la passer ensuite à sa gracieuse Majesté, à titre d'étrennes.

Que l'on remarque, que les enclaves cédées, soit aux Italiens, soit aux Allemands ne gênent point les Anglais. Au contraire leur concours aide ceux-ci dans l'œuvre de conquête. Au fond les Anglais ne cèdent aux autres que ce qui leur serait difficile de garder. La chair pour eux, les os aux autres !

Restent les Portugais, ces pauvres lapins Portugais ; ceux-ci bouillent déjà au fond de la casserole britannique, d'où il va bientôt sortir un civet des plus savoureux. En tout cas, il leur arrivera ce qui leur est arrivé dans l'Inde où Goa est le seul vestige qui reste de leurs anciennes possessions. Le lion les a complètement dépouillés.

***

RIVALITÉ ENTRE FRANÇAIS ET ANGLAIS

***

Parmi tous ceux qui se partagent la proie africaine, le léopard français est le plus tapageur, le plus mécontent : il ne peut se faire à l'idée que le lion doit bien avoir la part du lion. C'est surtout à cause de l'Egypte que se fait le vacarme.

Les Français ont des prétentions assez bien fondées sur ce pays ; puisqu'il est indéniable que les progrès réalisés en Egypte sont dûs à l'action presqu'exclusive de la France. Mais, les Français ont depuis commis une faute, une très grande faute : et c'est à elle qu'ils sont redevables de leurs déboires.

Lorsque Lesseps et Napoléon III mirent main au percement du Canal Maritime, ils creusèrent la fosse où devait sombrer l'indépendance de l'Egypte et le prestige de la France. De ces deux coupables, Lesseps est à coup sûr, le plus à blâmer.

En effet, en se mettant à la tête d'une telle entreprise, Ferdinand Lesseps était tenu à en calculer tous les résultats, se plaçant tant au point de vue français, qu'à celui des intérêts purement locaux.

Par rapport aux intérêts français, Lesseps s'est montré inepte et imprévoyant. Et pourtant, un homme de son expérience aurait dû prévoir le cas, toujours possible, où le Canal échapperait au contrôle de la France. Creuser l'isthme avec une telle perspective dans l'arrière-plan, c'était tout bonnement travailler pour le compte du roi de Prusse.

Lesseps, de 1856, ignorait-il qu'autant que les Anglais restent à Malte et à Gibraltar, l'équilibre méditerranéen n'est qu'un mythe : et que faire le canal dans ces conditions, c'était mettre l'appétit de l'Angleterre à une dure épreuve ? L'œuvre une fois achevée, ce n'est pas tout à fait de sa faute, si elle y a mis la main dessus.

Au point de vue des intérêts égyptiens Lesseps est également coupable. Lui, qui se proclamait patriote égyptien aurait dû tenir ce langage :

« Prenez garde ! mon canal va déchaîner un ouragan
« de convoitises, qui peut emporter tout, même l'indépen-

« dance de l'Egypte. Préparez-vous ; fermez portes et fenê-
« tres ; ne vous laissez pas prendre au dépourvu. »

Voilà ce qui eut été parler d'or, en bon Français et en
honnête homme.

Mais, Lesseps ne pensait qu'à son canal, la merveille
du monde !

Cette toquade a coûté bien cher à l'Orient et à la France :
les gros dividendes que touchent les actionnaires ne sont
qu'une fiche de consolation.

La rivalité entre Français et Anglais ne s'arrête pas à
l'Egypte.

Voyant la partie compromise dans la vallée du Nil, les
Français se sont rabattu sur l'occident de l'Afrique.
Ainsi, par la force même des choses, un accord tacite est
survenu entre les deux rivaux : l'Afrique orientale aux
Anglais, l'occidentale aux Français.

Ces derniers n'acceptent, pourtant le partage que sous
réserve ; sans préjudice pour leurs revendications ailleurs.
Et comment pourraient-ils y renoncer? Le Sahara, plus
le Soudan, valent-ils l'Egypte et Suez?

Il est à noter en outre, qu'abstraction faite de la valeur
intrinsèque, le partage proposé est défavorable aussi sous
le rapport de la pénétration.

Se dirigeant de la côte vers le centre (objectif le Tchad)
les Français suivent deux lignes perpendiculaires, *sans
communication entre elles*. L'une de ces routes est relati-
vement aisée ; l'autre, à travers le Sahara, c'est un enfer,
long 4000 kilomètres.

Or dans cette course, à qui aura le meilleur lot, il faut
avant tout tenir compte des obstacles à franchir pour y
arriver. Ainsi, en supposant qu'on soit à la veille d'inau-
gurer les chemins de fer trans-saharien et sénégalais, ces
deux lignes ne sauraient lutter contre les lignes du Nil, de
la Mer rouge et la trans-océanique des Anglais.

En résumant notre thèse- nous devons énumérer, un à

un, tous les avantages stratégiques et commerciaux qu'a su se ménager l'Angleterre.

Quatre routes font le contour et entrecoupent le continent africain: 1° la route par le Cap ; 2° la route via Suez ; 3° la trans-océanique ; 4° la vallée du Nil. Les trois dernières étant au gré de l'Angleterre, il ne reste aux autres pavillons, en cas de guerre, qu'une seule route libre.

De ces données il en résulte, que la possession de l'Égypte, et par là, de Suez, équivaut à la domination sur tout l'Orient.

Mais, si c'est ainsi, dira-t-on, *jamais d'Égypte, Anglais ne sortira !*

Malgré l'évidence des faits, nous n'hésitons pas à faire assignement sur la parole donnée. Une fois que les Anglais ont promis de s'en aller, qu'on soit sûr qu'ils évacueront l'Egypte, et à courte échéance.

Le tout est de savoir à quelles conditions.

Que l'on sache donc, qu'avant de s'embarquer, lord Cromer lancera une proclamation de ce genre :

« Voici l'Egypte, libre ! je la quitte ; mais, malheur aux « Egyptiens s'ils touchent à une seule des pierres posées « par nous ! Malheur à quiconque oserait y mettre le pied. « Good bye ! Good bye ! »

Initié, par hasard, dans le secret, nous nous faisons forts d'affirmer que le devis du plan pour l'évacuation de l'Egypte date de 1889 (en septembre) : son inventeur s'est logé depuis, en garni, chez Mme veuve Belzeboube : de son vivant, il répondait aux initiales S. S.

Celui qui s'occupe actuellement de l'exécution de ce plan diabolique, répond aux initiales C. L.

C'est un rebus autour duquel géographes et diplomates n'ont qu'à se casser la tête. Nous ne soufflerons mot. « Pas trop de zèle », disait Talleyrand !

RIVALITÉ ENTRE ITALIENS ET FRANÇAIS

Tandis que le lion et le léopard troublent la gaieté du banquet, le loup, lui, ne cesse de grogner et même de se montrer insolent. Au fond cet animal a maille à partir avec le léopard : son grief consiste en ceci :

Non loin de la tanière du loup, il y a un petit pays — la Tunisie — où le loup allait à la maraude et faisait bonne chère. Grâce aux fréquentes incursions du loup et des siens, la Tunisie s'était transformée en une autre *irredenta*.

L'italianisation de la régence étant incontestable, le cabinet de Rome crut devoir poser en héritier présomptif, au cas où l'on vint à la liquidation de l'état beylical. Par malheur, le léopard faisait, lui aussi, les yeux langoureux au dit héritage. De là les grincements de dents et les œillades d'assassins entre les deux prétendants, qui autrefois se tutoyaient.

Pour couper court, un beau matin, d'un saut, le léopard passe la frontière de la régence et à l'aide de quelques Kroumirs, fait une bouchée du bey, de ses troupes et de ses sujets.

De vrais hurlements retentirent aussitôt des Alpes à la mer Tyrrhéenne :

« Comment ! la Tunisie vient d'être avalée, par trahi-
« son !... L'héritage du peuple italien a été usurpé !...
« La France, c'est l'ennemi !

Que les Italiens soient inconsolables pour la perte de Tunis, cela se conçoit ; vu que leur droit de priorité à l'accaparement de ce lambeau de terre africaine, est incontestable.

Il est moins aisé pourtant de s'expliquer pourquoi les Italiens en veulent tellement aux Français, une fois que dans ce tripotage tunisien figure un tiers, qui a littéralement forcé la main à la France. Cet honnête courtier n'est autre que M. John-Bull, ce *ficca-naso* de John-Bull.

Nous nous chargeons ici d'édifier les Italiens, en projetant *un po più di luce* sur ces événements déjà oubliés.

En 1870, — la France gisant à terre, incapable d'agir — le cabinet de Florence prépara en toute hâte une escadre, chargée de régler le différend tunisien par un fait accompli. Mais, voilà que, pendant qu'on s'y attendait le moins, on vit paraître au palais Pitti les ambassadeurs de Turquie et de France, *capitannés* par leur collègue d'Angleterre.

Que venaient-ils faire, en corps, ces diplomates? Ils ne tenaient qu'à présenter au gouvernement du roi *galantuomo* une protestation collective contre l'envoi de sa flotte à la Goulette. Rien que ça! Mais cela suffit pour empêcher l'occupation de Tunis par les Italiens.

En 1870, nouvel incident diplomatique. Lors du Congrès, lord Salisbury formula catégoriquement les intentions de son gouvernement par rapport à la Régence. Voici en quels termes le noble lord s'exprima, s'adressant à M. Waddington :

« Depuis longtemps déjà nous considérons la Tunisie « comme se trouvant dans la sphère d'action du gouver- « nement français. »

La connivence de l'Angleterre une fois mise hors de doute, une question se force à l'esprit — « A quel haut intérêt obéissait-il, le cabinet de Londres, en donnant sa préférence à la France et en s'opposant résolument à l'entrée des Italiens en Tunisie? »

Ici paraît à découvert la pensée intime, base de l'action stratégique et politique de l'Angleterre dans la Méditerranée.

La *botte* italienne sépare la Méditerranée en deux
parties, occidentale et orientale. Le passage de l'une à
l'autre s'effectue par le détroit de Messine ; ou, par ce
demi-détroit formé, d'un côté par les pointes extrêmes de
la Sicile et de la Sardaigne ; de l'autre, par la pointe nord
de l'Afrique, la Tunisie, c'est-à-dire.

Or, l'amirauté anglaise qui surveille d'un œil vigilant
tous les parages, et surtout, tous les passages, s'est émue
du danger que court l'Angleterre, au cas où ce *demi-*
détroit viendrait à être occupé par les Italiens. En effet,
maîtresse du détroit de Messine, l'Italie n'aurait qu'à fermer
l'autre aussi, et la route Gibraltar-Malte serait interceptée.
Ajoutons que ce danger n'est point imaginaire, mais, réel ;
ainsi qu'il ressort des données suivantes :

Les points extrêmes de la Sicile et de la Sardaigne,
plus celle de l'Afrique, forment un triangle isocèle de 90
milles sur ses faces. Des escadres, partant de ces pointes,
peuvent effectuer leur jonction en trois heures. En plus, il
suffit de fortifier ou d'obstruer le centre (en utilisant les
secca, situées au milieu du triangle) pour que le génie
italien rende le passage fort périlleux (1).

« Comment conjurer la formation du triangle ? — on
« s'est dit au Foreing-Office — Il n'y a qu'à confier la garde
« de la pointe africaine aux Français : Que les Italiens en
« fassent leur deuil. Voilà le triangle neutralisé ! »

Si la politique n'a pas d'entrailles, la stratégie en a
encore moins. Ainsi, les Anglais ont du sacrifier, à leur
propre intérêt, leur meilleur ami.

Pour ce qui est des reproches faits à la France, il faut
savoir que dans cette question le gouvernement de la
République obéissait à une nécessité inéluctable.

Isolé, en face d'une coalition formidable, pouvait-il

---

(1) N.-B. — Le blocus et le siège de Malte doivent commencer par l'occupation de ces trois points.

permett·e qu'un ami peu sûr vint s'installer à côté de ses possessions africaines ? Si les Français avaient laissé faire, ils se seraient mis hors de combat de gaîté de cœur.

En effet, de la Tunisie, la France peut faire face contre toute éventualité, car, d'un côté e le est en mesure de parer tout coup dirigé contre ses possessions africaines ; de l'autre, elle s'assure les avantages d'une puissante diversion. Aussi Bizerte est-elle destinée à se signaler dans la prochaine guerre.

LES ITALIENS EN ABYSSINIE

Jaloux, et pour cause, de voir chacun ronger son os, le loup s'élança pour attraper quelque chose. Un jour on le vit faire voile vers les côtes de l'Abyssinie.

Déférend, comme toujours, à l'égard des Anglais, le cabinet de Rome eut soin de les sonder préalablement. Les encouragements ne se laissèrent attendre. S'offrir pour monter la garde, *gratis*, autour du Soudan, c'était servir aux Anglais du beurre sur leur pain grillé

Quelle admirable diplomatie, que cette diplomatie anglaise ! Il n'y a qu'elle pour faire marcher au pair une habileté consommée avec un sans-gêne stupéfiant. Ici sur cette scène africaine, elle sait intercaler les rôles les plus disparates avec un art incomparable.

Ainsi, tour à tour voit-on les Anglais donner un coup de pied aux Italiens, leur intimant d'une voix sèche : — « Allez-vous en !... la Tunisie n'est pas pour vous ! »

Peu après suit un changement de ton et de procédés Ces mêmes *clowns* diplomatiques se tournent vers l'Italie et en lui tendant la main, lui disent : — « Viens, faisons ménage ensemble... chérie ! » N'est-ce pas que c'est impayable ?

Arrivé à ce point, une question se pose d'elle-même à notre considération. Le flair, la finesse des Italiens étant notoires, comment se fait-il qu'ils aient pris pour de la bonne monnaie les encouragements des Anglais. Bref, que diable ont-ils pu avoir dans leur cervelle au moment où ils s'embarquèrent dans l'aventure africaine ?

Mancini, (un ex-avocat) dirigeait à cette époque les relations extérieures du royaume, son calcul était le suivant :

« De même que l'Allemagne nous soutient par terre,
« l'appui de l'Angleterre nous est indispensable sur mer.
« Comment faire pour nous assurer cette protection ? Il
« n'y a qu'à répéter notre jeu de 1853 : alors nous nous
« sommes mis avec les alliés ; et ceux-ci à leur tour nous
« ont aidé. »

« Aidons maintenant les Anglais dans l'exécution de
« leurs plans en Egypte ; et nos ports et notre marine
« seront à l'abri de tout danger. »

Pauvre Machiavel ! S'il était encore de ce monde, il aurait honte à appeler les Depretis, les Mancini, etc. — « mes disciples » — Sait-on comment l'illustre Florentin aurait-il résolu le problème pendant — l'emploi de béquilles anglaises ?

« En cas d'un conflit européen, aurait dit le maitre,
« l'alliance anglaise est acquise à la partie dont les inté-
« rêts sont identiques avec les siens. Or, ou l'Italie est de
« cette partie, ou elle ne l'est pas. Dans la première hypo-
« thèse, elle peut d'avance compter sur l'appui de l'Angle-
« terre.

« Alors à quoi bon se mettre en frais pour un allié, qui
« bon gré malgré, doit se trouver à nos côtés ?

« Reste l'autre alternative.

« L'Italie n'est pas de cette partie. Dans ce cas, tout ce
« qu'elle fait à présent ne lui servira à rien. »

Avez-vous compris, chers mégalomanes ? Vous dépensez des millions afin d'avoir une protection que vous
pouviez obtenir pour rien.

D'ailleurs il suffit de vous jeter à la figure vos propres
actes, pour que votre condamnation soit sans appel.

La Triplice vous a-t-elle fait payer une entrée ? Certes
non ! On s'est contenté de vous dire — « Vous voulez venir
à la chasse avec nous ? Soit... Allez chercher votre fusil,
vos munitions, etc., et marchons. »

Ce n'est que l'Angleterre qui exige des quiproquo, au
comptant (1).

Somme toute, comme résultat du marché les Italiens
paient pour être grillés dans les sables ; tandis que les
gentlemen et les ladies empochent les sequins tout en
faisant leurs parties de plaisir aux cataractes. Oh ! Beautiful !... Charming !

OBOCK

Après Assab vient Obock, surveillé de près par les
canons de Perim. C'est à Obock, dans ce golfe perdu, que
les Français ont eu l'idée bizarre d'installer un observa-

---

(1) La Cie Peninsulaire touche une jolie subvention pour la valise d'Abyssinie.

Les Italiens rôtissent pour eux ; et les Anglais leur font payer jusqu'aux
lettres venant de leurs familles !

Business ! Business ! Business ! Que le diable les emporte avec leur —
Business !... tas de suceurs de sang humain !

toire, plus un laboratoire diplomatique, où l'on confectionne des cornes, à l'usage de la nation sœur.

A Massoua il n'y a point d'industries ; de là le besoin d'un laboratoire à Obock. Il est à noter que les Français ne font que payer les Italiens de leur propre monnaie.

Tout le monde sait que l'Italie a, elle aussi, son observatoire-laboratoire au Maroc, avec débit de cornes à l'usage des franco-algériens. Les arsenaux du sultan ne sont-ils pas dirigés par des officiers expédiés de Rome ?

Là où il y a réciprocité, personne n'a le droit de se plaindre.

CONGO

Etat-libre du Congo. Voilà une drôle de création, comme jamais il en fût ! En effet, depuis que le monde est monde il ne s'est vu, qu'une nation sans vaisseaux ni marins aille à la recherche de la toison d'or. En cette fin de siècle nous devions voir ce prodige ; car, la Marmotte belge paraît sur la scène affublée comme Colombo et Cortez.

Mais, ne rions pas ; la plaisanterie a bien l'air de tourner au tragique. Déjà des flibustiers belges parcourent le continent noir en maîtres ; leur roi y exerce le droit de faire couper des têtes en son nom : enfin, l'Etat-libre figure dans les protocoles.

Voici l'historique de cet état nouveau-né.

Occupée sur la côte, l'Angleterre a senti le besoin de créer au centre du continent un état *bouche-trou,* avec la consigne d'empêcher soit les Allemands, soit les Français d'approcher le bassin du Nil et ses sources. Les Belges et leur roi étaient désignés d'avance pour ce rôle. Car, après tout, Bruxelles n'est qu'une succursale de Londres, de même que Lacken est une dépendance de Windsor.

En d'autres mots, la vieille reine tenait à faire quelque chose, avant de mourir, pour ce cher cousin de Belgique. Les déjeuners, tête-à-tête, les dîners en famille, sont bel et bon ; mais un legs impérissable, digne d'une grande souveraine, était de rigueur, s'imposait. Et quoi de mieux sinon une couronne enrichie de dents de tigres et d'éléphants ? Ce n'est rien moins que le diadème d'un des Rois mages, qui vient ainsi se poser sur la tête d'un Cobourg !

Cela une fois arrêté en conseil aulique, la marmotte belge saute sur la crinière du lion britannique, traverse l'Océan et chevauchant de monts en vaux, elle va planter son drapeau bâtard sur les cimes vierges et sur les arbres gigantesques du continent ténébreux.

Et l'Etat-libre du Congo a vu la lumière !

Le Humbug américain a fait son temps : le tour est maintenant au charlatanisme africain, dont le fin mot est : Plumons, les Blancs d'abord et ensuite les Noirs. Si ce pauvre Léopold, empereur africain malgré lui, pouvait parler, il nous en dirait de belles. Jusqu'ici on ne lui a servi qu'un os ; un os royal, doré et bien frisé.

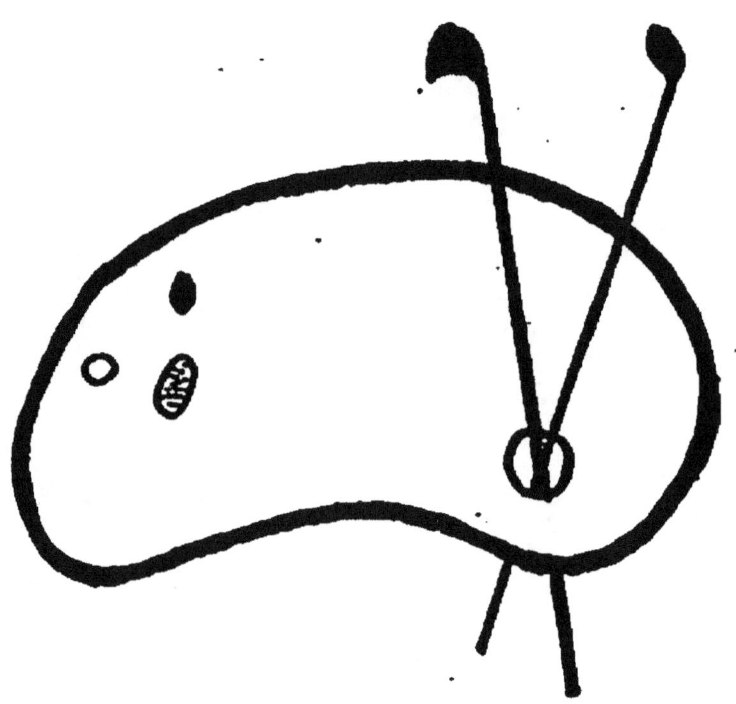